1   Lineare Gleichungssysteme

1.1   Rückblick

1. Löse folgende Gleichungen! Kontrolliere die Ergebnisse!

a) $3x - 2 = 10$ |_____

_____

_____

Probe: _____

_____

_____

b) $3(2x + 4) = 6$ |_____

_____

_____

Probe: _____

_____

c) $4x - 6 = 8x + 2$ |_____

_____

_____

Probe: _____

_____

_____

d) $12x - 20 + 15 - 6x = 25 - 3x - 4 - 4x$ |___

_____

_____

Probe: _____

_____

e) $\frac{8 + 3x}{5} = 7$ |_____

_____

_____

Probe: _____

_____

f) $0,2x - 1,5 + 0,3x = 2,5 + 3,2x + 1,4$ |___

_____

_____

Probe: _____

_____

g) $\frac{3}{x + 2} = 9$ |_____ $(x \neq -2)$

_____

_____

Probe: _____

_____

h) $\frac{10}{x - 4} = 5$ |_____ $(x \neq 4)$

_____

_____

Probe: _____

_____

2. Löse folgende Gleichungen grafisch!

Beispiel: $3x - 8 = -2$

Umformung in
Funktionsgleichung: Probe: $3 \cdot 2 - 8 = -2$

$3x - 8 = -2 \qquad |+2 \qquad\qquad\qquad 6 - 8 = -2$

$3x - 6 = 0 \qquad\qquad\qquad\qquad\qquad -2 = -2 \;$ w.A.

$3x - 6 = y$

$\qquad y = 3x - 6$

$\qquad m = 3 \qquad$ Steigung

$\qquad n = -6 \qquad$ Schnittstelle mit y-Achse

Der Schnittpunkt mit der x-Achse ist (2|0). Also ist x = 2 die
Lösung der Gleichung $3x - 8 = -2$.

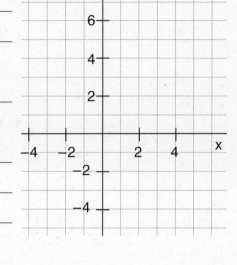

a) $6x + 18 = 4x + 14$ \qquad Probe:

$\underline{\qquad\qquad} = \underline{\qquad\qquad\qquad\qquad}$

$\underline{\qquad\qquad} = 0 \qquad \underline{\qquad\qquad\qquad\qquad}$

$\underline{\qquad\qquad} = y \qquad \underline{\qquad\qquad\qquad\qquad}$

$y = \underline{\qquad\qquad}$

b) $2x + 14 = 9 + 3x$ \qquad Probe:

$\underline{\qquad\qquad} = \underline{\qquad\qquad\qquad\qquad}$

$\underline{\qquad\qquad} = 0 \qquad \underline{\qquad\qquad\qquad\qquad}$

$\underline{\qquad\qquad} = y \qquad \underline{\qquad\qquad\qquad\qquad}$

$y = \underline{\qquad\qquad}$

3. Der Graph einer linearen Funktion verläuft durch die
Punkte A(1|−4) und B(4|2).

a) Zeichne den Graphen dieser Funktion und gib die
Funktionsgleichung an!

$\underline{\qquad\qquad\qquad\qquad\qquad\qquad}$

b) Gib eine mögliche Gleichung an, die zu der Funktions-
gleichung gehört! Gib auch die Lösung an!

$\underline{\qquad\qquad\qquad\qquad\qquad\qquad}$

$\underline{\qquad\qquad\qquad\qquad\qquad\qquad}$

c) Gib zwei weitere Gleichungen an, die zu der Funk-
tionsgleichung gehören!

$\underline{\qquad\qquad\qquad\qquad\qquad\qquad}$

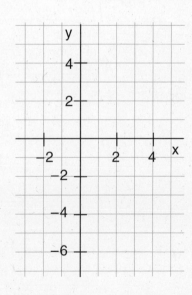

1.2   Lineare Gleichungen der Form ax + by = c

4. Gib alle Lösungen (x│y) der Gleichung x + y = 5 mit x, y ∈ $\mathbb{N}_0$ an!

(☐ │ ☐), denn ☐ + ☐ = 5

(☐ │ ☐), denn ☐ + ☐ = 5

(☐ │ ☐), denn ☐ + ☐ = 5

(☐ │ ☐), denn ☐ + ☐ = 5

(☐ │ ☐), denn ☐ + ☐ = 5

(☐ │ ☐), denn ☐ + ☐ = 5

5. Vervollständige die vorgegebenen Lösungen (a│b) der Gleichung 2a + b = 0 mit a, b ∈ $\mathbb{Q}$!

(0 │ ☐) denn   2 · 0 + ☐ = 0

(−2 │ ☐) denn   2 · (−2) + ☐ = 0

(☐ │ 5), denn   2 · (☐) + 5 = 0

(☐ │ $-\frac{1}{2}$) denn 2 · (☐) + ($-\frac{1}{2}$) = 0

(☐ │ 0,2) denn 2 · (☐) + 0,2 = 0

6. Der Umfang eines Rechtecks ist 15 cm. Wie lang können die Seiten a und b sein?
Gib drei Beispiele an und überprüfe sie!

a) a = _____

   b = _____

   u = _____

   u = 15 cm

b) a = _____

   b = _____

   u = _____

   u = 15 cm

c) a = _____

   b = _____

   u = _____

   u = 15 cm

7. Löse die Gleichung y − 4x = −2 zeichnerisch!
Gib drei Lösungen (x│y) an!

y − 4x = −2 | _____

_____

Lösungen: (___│___), (___│___), (___│___)

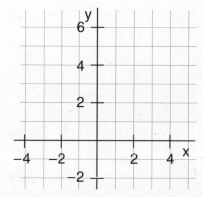

8. Tanja kauft Blumenpflanzen für den Garten, Stiefmütterchen zu 80 ct je Stück und Primeln zu 40 ct je Stück. Insgesamt bezahlt sie 6 €.
Wie viele Planzen jeder Sorte können es gewesen sein?
x sei die Anzahl der Stiefmütterchen und y die der Primeln.
Stelle eine Gleichung auf! Löse sie nach y auf und zeichne die Gerade! Lies mögliche Lösungen ab!

Gleichung:

_____

_____

_____

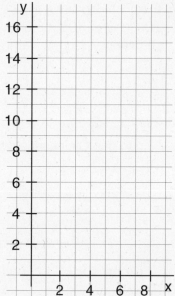

Lösungen: Stiefmütterchen
             Primeln

1.3   Lineare Gleichungssysteme
Grafische Lösung

9. I $2x + y = 4$
  II $-2x + 2y = 2$
  Löse beide Gleichungen nach y auf und zeichne die Geraden!

  I $2x + y = 4$ |____   II $-2x + 2y = 2$ |____

  _____   _____

                                  _____

  I: y_____   II: y_____

  Lies die Lösung ab!   x = ____   und   y = ____ , also L = _____

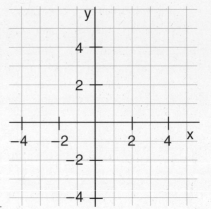

10. I $3y - 6x = 6$
  II $5x - 5y = 0$
  Löse das Gleichungssystem grafisch!

  I $3y - 6x = 6$ |____   II $5x - 5y = 0$ |____

  _____

  _____

  I: y_____   II: y_____

  Lösung: x = ____   und   y = ____ , also L = _____

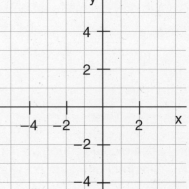

11. I $2x = y + 4,5$
  II $2y + 3 = -2x$
  Löse das Gleichungssystem grafisch!

  I $2x = y + 4,5$ |____   II $2y + 3 = -2x$ |____

  _____

  I: y_____   II: y_____

  Lösung: x = ____   und   y = ____ , also L = _____

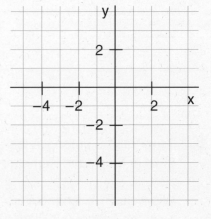

12. I $4y + 6x = 12$
  II $4y + 16 = 2x$
  Löse das Gleichungssystem grafisch!

  I $4y + 6x = 12$ |____   II $4y + 16 = 2x$ |____

  _____   _____

  I: y_____   II: y_____

  Lösung: x = ____   und   y ≈ ____ , also L = _____

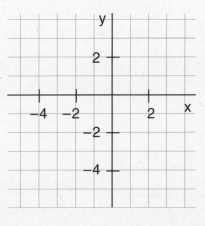

13. Das lineare Gleichungssystem

I $y = \frac{1}{2}x + 2$

II $-mx + y = -3$

hat die Lösung $x = 2$ und $y = 3$, also $L = \{(2 \mid 3)\}$.
Zeichne die beiden Geraden und bestimme m!

I _____ II $-mx + y = -3$ | _____

_____

II _____

$m =$ _____ $\Rightarrow$ II _____

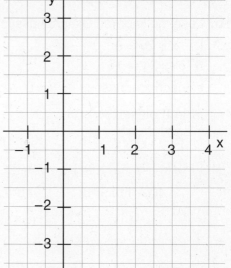

14. Gegeben sind das lineare Gleichungssystem

I $y = 3x + n$

II $y = mx - 2$

und die Lösung $x = -1$ und $y = 2$.
Zeichne die Geraden und bestimme aus der Zeichnung
m und n!

I $y = 3x + n$ II $y = mx - 2$

$n =$ _____ $m =$ _____

Also lauten die beiden Gleichungen

I $y =$ _____ II $y =$ _____

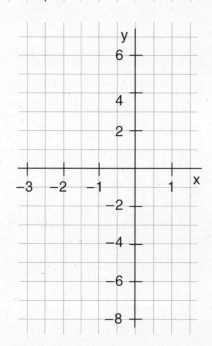

15. Gegeben sind das Gleichungssystem

a) I $4x - y = 0$ b) I $y = -x + 2$

II $\frac{1}{4}y = x + 1$ II $4x + 4y = 8$

Prüfe zeichnerisch, ob die linearen Gleichungssysteme
eine Lösung haben!

a) _____ b) _____

_____ _____

_____ _____

_____ _____

_____ _____

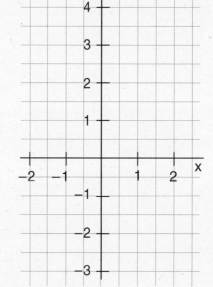

Rechnerische Lösung

16. Löse die linearen Gleichungssysteme mithilfe des Einsetzungsverfahrens (siehe Beispiel)!

I $x + 2y = 8$

II $5x - y = 18$

I nach x auflösen: Ia $x = 8 - 2y$

Ia in II einsetzen:

$5 \cdot (8 - 2y) - y = 18$ | Klammern aufl.

$40 - 10y - y = 18$ | zusf.

$40 - 11y = 18$ | -40

$-11y = -22$ | $: (-11)$

$y = 2$

$y = 2$ in I: $x + 2 \cdot 2 = 8$

$x + 4 = 8$ | -4

$x = 4$

Lösung: $x = 4$; $y = 2$

Lösungsmenge: $L = \{(4 \mid 2)\}$

Probe:

I $4 + 2 \cdot 2 = 8$ II $5 \cdot 4 - 2 = 18$

$4 = 4$ w. A. $18 = 18$ w. A.

a) I $3x - 6y = -6$

   II $2x - y = +11$

_____

_____

_____

_____

_____

_____

_____

Lösung: _____

Lösungsmenge: _____

Probe:

_____

_____

b) I $\frac{1}{2}x + \frac{1}{3}y = 2$

   II $3x - 3y = -3$

_____

_____

_____

_____

_____

_____

_____

Lösung: _____

Lösungsmenge: _____

Probe:

_____

_____

c) I $6(x + 3) = -18y$

   II $-6(8 + y) = -12x$

_____

_____

_____

_____

_____

_____

_____

Lösung: _____

Lösungsmenge: _____

Probe:

_____

_____

17. Löse folgende Gleichungssysteme mithilfe des Additionsverfahrens!

Beispiel: I $3x + 2y = 7$
          II $\underline{2x - 2y = -2}$

Beispiel: I $3x + 2y = 3$ $\big| \cdot (-2)$
          II $6x + y = -3$
          Ia $-6x - 4y = -6$
          II $\underline{6x + y = -3}$

$I + II$ $5x = 5$ $| : 5$
$x = 1$

$x = 1$ in I $3 \cdot 1 + 2y = 7$ $| -3$
$2y = 4$ $| : 2$
$y = 2$

Ia + II $-3y = -9$ $| : (-3)$
$y = 3$

$y = 3$ in I $3x + 2 \cdot 3 = 3$ $| -6$
$3x = -3$ $| : 3$
$x = -1$

Lösung: $x = 1$ $y = 2$
Lösungsmenge: $L = \{(1 \mid 2)\}$
Probe:
I $3 \cdot 1 + 2 \cdot 2 = 7$ II $2 \cdot 1 - 2 \cdot 2 = -2$
$3 + 4 = 7$ $2 - 4 = -2$
$7 = 7$ $-2 = -2$
w. A.   w. A.

Lösung: $x = -1$ $y = 3$
Lösungsmenge: $L = \{(-1 \mid 3)\}$
Probe:
I $3 \cdot (-1) + 2 \cdot 3 = 3$ II $6 \cdot (-1) + 3 = -3$
$-3 + 6 = 3$ $-6 + 3 = -3$
$3 = 3$ $-3 = -3$
w. A.   w. A.

a) I $4x + 6y = -4$
    II $5x - 2y = 14$

b) I $4x + 5y = 28$
    II $6x - 3y = -42$

Lösung: _____

Lösungsmenge: _____

Probe:

Lösung: _____

Lösungsmenge: _____

Probe:

c) I $-6x - 9y = 33$
II $-4x - 6y = 22$

_____

_____

Ergebnis: _____

Lösungsmenge: _____

d) I $8x - y = 6$
II $4x - 0{,}5y = 2$

_____

_____

Ergebnis: _____

Lösungsmenge: _____

e) I $3x - 5y = 9$
II $5x + 8y = 15$

_____

_____

_____

_____

_____

Lösung: _____

Lösungsmenge: _____

Probe:

_____

_____

_____

f) I $\frac{1}{3}x + \frac{1}{2}y = \frac{7}{12}$
II $\frac{1}{9}x - \frac{1}{4}y = -\frac{1}{72}$

_____

_____

_____

_____

_____

Lösung: _____

Lösungsmenge: _____

Probe:

_____

_____

_____

18. Wähle ein Lösungsverfahren und löse die Gleichungssysteme!

a) I $4x = 8y + 2$
II $x + y = \frac{1}{2}$

_____

_____

_____

_____

_____

b) I $1{,}4x + 1{,}5y = 4$
II $4x + 5y = 10$

_____

_____

_____

_____

_____

19. Löse die folgenden linearen Gleichungssysteme mit drei Variablen!

a) I $\quad 3x + 2y + 4z = 14$
   II $\quad 4x - 2y - 3z = 3$
   III $\underline{\quad 5x + 4y - 2z = -4}$

b) I $\quad -2x + 4y + 5z = 0$
   II $\quad 6x - 4y + 3z = 2$
   III $\underline{\qquad\quad 8y + 9z = 2}$

_____

_____

_____

_____

_____

Probe: _____

_____

_____

_____

_____

20. Die Lösung eines linearen Gleichungssystems mit drei Variablen und drei Gleichungen sei
$x = -2, \quad y = 5, \quad z = -8.$
Stelle ein Gleichungssystem dazu auf!

_____

_____

_____

1.4   Gemischte Aufgaben

21. In einem Dreieck ist die Summe der Winkel α und β 130°. Ihre Differenz beträgt 50°.
Bestimme die Innenwinkel des Dreiecks!

Kontrolle:

Ergebnis:

Innenwinkel:

22. In einem gleichschenkligen Dreieck ist der Winkel an der Spitze um 30° größer als jeder Basis-
winkel. Bestimme die Winkel!

Kontrolle:

Ergebnis:

23. In einem Parallelogramm ABCD beträgt der Umfang 40 cm. Die Seite a ist um 4 cm länger als
die Seite b. Berechne die Länge der Seiten!

Kontrolle:

Ergebnis:

24. Ein Fahrradhändler kauft 30 Damenfahrräder und 40 Herrenfahrräder zu einem Gesamtpreis von 30 900 € ein. Die Damenfahrräder verkauft er mit einem Aufschlag von 10 % und die Herrenfahrräder mit einem Aufschlag von 12 %. Die Gesamteinnahme beträgt 34 350 €. Berechne die Einkaufs- und die Verkaufspreise!

_____

_____

_____

_____

_____

_____

_____

Kontrolle:	Einkaufspreis:	Verkaufspreis:
Damenfahrrad		
Herrenfahrrad		
Gesamtpreis		

25. Familie Schmidt hat vor Jahren für den Bau ihres Hauses bei der Bank einen Kredit von 100 000 € aufgenommen. Jetzt nimmt sie bei der gleichen Bank für den Kauf eines Bootes noch einen Kredit in Höhe von 20 000 € auf. Sie muss für beide Kredite jährlich 7000 € Zinsen zahlen. Würden die Zinssätze vertauscht werden, dann müsste Familie Schmidt 11 000 € Zinsen zahlen. Berechne die Zinssätze!

_____

_____

Kontrolle:	Haus: ; Boot:	Haus: ; Boot:
Zinssatz Hausbau:		
Zinssatz Bootskauf:		
	Zinsen:	Zinsen:

2 Reelle Zahlen und Wurzeln

2.1 Rückblick

1. Erweitere so, dass der Nenner 10, 100 oder 1000 wird, und wandle in einen Dezimalbruch um!

Bruch	$\frac{9}{20}$	$\frac{1}{2}$	$\frac{31}{50}$	$\frac{111}{25}$	$\frac{7}{125}$	$\frac{9}{250}$	$\frac{11}{8}$	$\frac{43}{40}$
erweitert mit	5							
erweitert auf	$\frac{45}{100}$							
Dezimalbruch	0,45							

2. Wandle in gemeine Brüche um und kürze so weit wie möglich!

2,5 = ☐ = ☐   3,8 = ☐ = ☐

1,08 = ☐ = ☐   0,025 = ☐ = ☐

0,48 = ☐ = ☐   1,804 = ☐ = ☐

1,44 = ☐ = ☐   0,525 = ☐ = ☐

0,875 = ☐ = ☐   3,25 = ☐ = ☐

2.2 Quadratzahlen und -wurzeln, Kubikzahlen und -wurzeln

3. Ergänze!

a)

Zahl	4		0,5		
Quadratzahl		36		0,09	
Kubikzahl			343		0,015625

b)

Zahl	64		0,04		2,25	
Quadratwurzel		15		0,8		2,4

c)

Zahl	27		8 000		1,728	
Kubikwurzel		4		2,4		0,5

4. Es sind 10 ganzzahlige Quadratzahlen zwischen 200 und 600 senkrecht, waagerecht und diagonal (nicht rückwärts) zu finden!

4	1	6	0	3	3	2	4	7	1
2	8	7	8	4	5	8	6	1	2
3	9	4	5	2	1	2	3	4	8
5	2	9	0	4	9	2	6	0	9
0	7	5	3	7	1	5	3	4	7
9	4	0	0	5	8	2	3	6	5
1	7	4	8	9	1	2	5	6	0
1	2	4	3	7	4	1	6	5	4
9	8	6	0	5	4	7	2	7	0
5	1	7	4	3	1	7	9	6	3

$15^2 =$ _____ _____

_____ _____

_____ _____

_____ _____

_____ _____

Die Summe der zehn Quadratzahlen beträgt

_____

2.3 Reelle Zahlen

5. Bestimme mit dem Taschenrechner die folgenden Wurzeln auf drei Stellen nach den Komma!

$\sqrt{0{,}86} =$ _____ $\sqrt{3} =$ _____ $\sqrt[3]{344} =$ _____ $\sqrt[3]{995} =$ _____

$\sqrt{50} =$ _____ $\sqrt{61} =$ _____ $\sqrt[3]{51600} =$ _____ $\sqrt[3]{2{,}18} =$ _____

$\sqrt{15} =$ _____ $\sqrt{0{,}37} =$ _____ $\sqrt[3]{5{,}2} =$ _____ $\sqrt[3]{7} =$ _____

$\sqrt{0{,}74} =$ _____ $\sqrt{1{,}46} =$ _____ $\sqrt[3]{0{,}84} =$ _____ $\sqrt[3]{642} =$ _____

$\sqrt{0{,}093} =$ _____ $\sqrt{-0{,}9} =$ _____ $\sqrt[3]{19{,}5} =$ _____ $\sqrt[3]{0{,}09} =$ _____

6. Berechne die Seitenlängen der Quadrate!

A	49 cm^2	81 cm^2	27,04 cm^2	12,25 cm^2	146,41 cm^2
a					

7. Berechne die Kantenlängen der Würfel!

V	125 cm^3	1331 cm^3	15,625 cm^3	389,017 cm^3	132,651 cm^3
a					

8. Zu welchen Zahlbereichen gehören folgende Zahlen? Kreuze an!

Zahl	$\mathbb{N}$	$\mathbb{Z}$	$\mathbb{Q}$	$\mathbb{R}$
2				
1,52				
$-\frac{30}{5}$				
$0,\overline{7}$				
-14				
$-\sqrt{2}$				
$3\sqrt{4}$				
$\sqrt[3]{64}$				
$4\sqrt{5}$				

9. Gib die ersten sieben Intervalle für eine Intervallschachtelung der reellen Zahlen x an!

a) $x = \sqrt{5}$　　　　　　　　　　　　　　b) $x = \sqrt{3}$

$$\underline{\hspace{2cm}} \leq x \leq \underline{\hspace{2cm}} \qquad\qquad \underline{\hspace{2cm}} \leq x \leq \underline{\hspace{2cm}}$$

$$\underline{\hspace{2cm}} \leq x \leq \underline{\hspace{2cm}} \qquad\qquad \underline{\hspace{2cm}} \leq x \leq \underline{\hspace{2cm}}$$

$$\underline{\hspace{2cm}} \leq x \leq \underline{\hspace{2cm}} \qquad\qquad \underline{\hspace{2cm}} \leq x \leq \underline{\hspace{2cm}}$$

$$\underline{\hspace{2cm}} \leq x \leq \underline{\hspace{2cm}} \qquad\qquad \underline{\hspace{2cm}} \leq x \leq \underline{\hspace{2cm}}$$

$$\underline{\hspace{2cm}} \leq x \leq \underline{\hspace{2cm}} \qquad\qquad \underline{\hspace{2cm}} \leq x \leq \underline{\hspace{2cm}}$$

$$\underline{\hspace{2cm}} \leq x \leq \underline{\hspace{2cm}} \qquad\qquad \underline{\hspace{2cm}} \leq x \leq \underline{\hspace{2cm}}$$

$$\underline{\hspace{2cm}} \leq x \leq \underline{\hspace{2cm}} \qquad\qquad \underline{\hspace{2cm}} \leq x \leq \underline{\hspace{2cm}}$$

10. a)　　$1,2^2$ ☐ $0,144$　　b)　　$0,3^2$ ☐ $0,9$　　c)　　$\sqrt{1,69}$ ☐ $1,1$

d)　　$\sqrt{(1,5)^2}$ ☐ $1,5$　　e)　　$(\frac{7}{8})^2$ ☐ $\frac{49}{74}$　　f)　　$\frac{2}{3}$ ☐ $\sqrt{\frac{9}{4}}$

g)　　$(-1,5)^2$ ☐ $\sqrt{1,5}$　　h)　　$-\sqrt{4}$ ☐ 2　　i)　　$-\sqrt{\frac{1}{4}}$ ☐ $-\frac{1}{2}$

j)　　$\sqrt{2,25}$ ☐ $\frac{3}{2}$　　k)　　13^2 ☐ 196　　l)　　$\sqrt{529}$ ☐ $\sqrt{225}-2$

2.4 Gemischte Aufgaben

11. Rechne geschickt ohne Taschenrechner! Die Buchstaben der Ergebnisse nennen ein Hilfsmittel!

a) $\sqrt{3} \cdot \sqrt{12} =$ _____

b) $\sqrt{3} \cdot \sqrt{2} \cdot \sqrt{54} =$ _____

c) $\dfrac{\sqrt{450}}{\sqrt{2}} \cdot =$ _____

d) $\sqrt{2} \cdot \sqrt{2} \cdot \sqrt{11} \cdot \sqrt{11} =$ _____

e) $\sqrt{2} \cdot \sqrt{1{,}125} =$ _____

f) $\dfrac{\sqrt{10} \cdot \sqrt{50}}{\sqrt{5}} =$ _____

g) $\sqrt{80} \cdot \sqrt{5} =$ _____

h) $\sqrt{3} \cdot \sqrt{5} \cdot \sqrt{3} \cdot \sqrt{10} \cdot \sqrt{2} =$ _____

i) $\dfrac{\sqrt{54} \cdot \sqrt{3}}{\sqrt{2}} =$ _____

j) $\dfrac{\sqrt{49} \cdot \sqrt{3}}{\sqrt{3}} =$ _____

k) $\dfrac{\sqrt{8} \cdot \sqrt{125}}{\sqrt{5} \cdot \sqrt{50}} =$ _____

l) $\sqrt{5} \cdot \sqrt{5} \cdot \sqrt{5} \cdot \sqrt{5} =$ _____

m) $\dfrac{\sqrt{70} \cdot \sqrt{8}}{\sqrt{7} \cdot \sqrt{5}} =$ _____

n) $4 \cdot \sqrt{2} \cdot 3 \cdot \sqrt{2} =$ _____

0	1,5	2	3	4	5	6	7	9	10	12	15	16	18	20	22	24	25	29	30
E	S	E	A	N	R	T	N	H	C	I	A	E	R	C	E	R	E	L	H

12. Erweitere so, dass der Nenner rational wird! Kürze danach, wenn möglich!

a) $\dfrac{1}{\sqrt{2}} = \dfrac{1 \cdot \sqrt{2}}{\sqrt{2} \cdot \sqrt{2}} = \dfrac{\sqrt{2}}{2}$

b) $\dfrac{8}{\sqrt{6}}$ _____

c) $\dfrac{6}{\sqrt{6}}$ _____

d) $\dfrac{5}{4 \cdot \sqrt{5}}$ _____

e) $\dfrac{14}{2 \cdot \sqrt{7}}$ _____

f) $\dfrac{36}{\sqrt{20} \cdot 2}$ _____

g) $\dfrac{18}{\sqrt{12} \cdot 4}$ _____

h) $\dfrac{70}{3 \cdot \sqrt{14}}$ _____

13. Radiziere teilweise!

a) $\sqrt{24}$ _____

b) $\sqrt{45}$ _____

c) $\sqrt{450}$ _____

d) $\sqrt{440}$ _____

e) $\sqrt{4400}$ _____

14. Berechne! Wende die binomischen Formeln an!

a) $(\sqrt{2} + \sqrt{4,5})^2$ _____

b) $(\sqrt{3} - \sqrt{12})^2$ _____

c) $(\sqrt{2} + \sqrt{72})^2$ _____

d) $(\sqrt{24,5} - \sqrt{8})^2$ _____

15. Vereinfache! Wende die binomischen Formeln an!

a) $\sqrt{4x^2 + 8x + 4}$ _____

b) $\sqrt{9a^2 - 12a + 4}$ _____

c) $\dfrac{2a + 4}{\sqrt{4a^2 + 16a + 16}}$ _____

Die richtigen Ergebnisse von 13., 14., 15. findest du hier. Färbe sie!

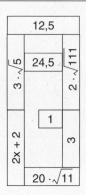
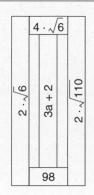
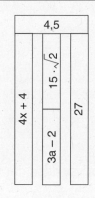

16. Berechne mithilfe des Heronverfahrens den Wert für $\sqrt{30}$ auf drei Dezimalstellen genau!

a_1

b_1

$a_1 = 15$ cm $\qquad$ $a_3 =$ _____ $\qquad$ $a_4 =$ _____ $\qquad$ $a_5 =$ _____ $\qquad$ $a_6 =$ _____

$b_1 = 2$ cm $\qquad$ $a_3 \approx$ _____ $\qquad$ $a_4 \approx$ _____ $\qquad$ $a_5 \approx$ _____ $\qquad$ $a_6 \approx$ _____

$a_2 = \dfrac{a_1 + b_1}{2} =$ _____ $\qquad$ $b_3 =$ _____ $\qquad$ $b_4 =$ _____ $\qquad$ $b_5 =$ _____ $\qquad$ $b_6 =$ _____

$b_2 = \dfrac{A}{a^2} \approx$ _____ $\qquad$ $b_3 \approx$ _____ $\qquad$ $b_4 \approx$ _____ $\qquad$ $b_5 \approx$ _____ $\qquad$ $b_6 \approx$ _____

3 Satzgruppe des Pythagoras

3.1 Rückblick

1. Konstruiere die Dreiecke! Berechne Flächeninhalt und Umfang! Miss fehlende Längen aus!

a) $a = 3{,}8$ cm
   $b = 3{,}8$ cm
   $c = 4{,}5$ cm

b) $c = 5$ cm
   $\alpha = 60°$
   $\beta = 35°$

c) $b = 3$ cm
   $c = 4$ cm
   $\alpha = 80°$

A   c   B   A   c   B   A   c   B

$h_c =$ _____ $h_c =$ _____ $h_c =$ _____

$A =$ _____ $A =$ _____ $A =$ _____

$A =$ _____ $A =$ _____ $A =$ _____

$u =$ _____ $u =$ _____ $u =$ _____

$u =$ _____ $u =$ _____ $u =$ _____

3.2 Der Satz des Pythagoras

2. Stelle zu jeder Figur eine Gleichung nach dem Satz des Pythagoras auf! Kennzeichne im Bild die Hypotenuse farbig!

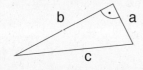 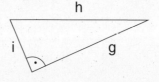 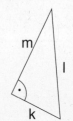

_____   _____   _____

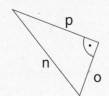 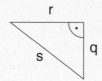 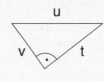

_____

_____   _____   _____

3. Berechne die fehlende Seite!

$\overline{AB}$	6 cm	9 cm	12 cm	
$\overline{BC}$	8 cm	12 cm		3 cm
$\overline{CA}$			13 cm	3,4 cm

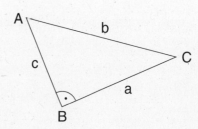

4. Berechne im Dreieck ABC ($\gamma = 90°$) die fehlende Kathete bzw. Hypotenuse! Runde sinnvoll!

a	3,4 cm	5,8 cm		3,3 cm	12,4 cm		
b	5,1 cm	3,6 cm	7 cm			4,1 cm	3,9 cm
c			13,9 cm	6,5 cm	16,8 cm	7,8 cm	5,5 cm

5. Überprüfe, ob folgende Dreiecke rechtwinklig sind

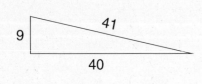

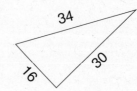

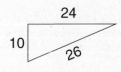

_____

_____

_____

_____

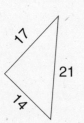

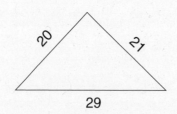

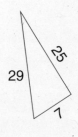

_____

_____

_____

6. Berechne $\overline{AB}$!

a)

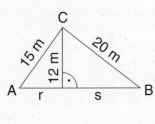

r = _____

r = _____

s = _____

s = _____

$\overline{AB}$ = _____

b)

D ─────── C
│6 mm 0,8 cm│
A ─────── B

$\overline{AB}$ = _____

$\overline{AB}$ = _____

7. Wie weit muss ein Paddelboot fahren, um von Erkner bis zur Woltersdorfer Schleuse zu kommen? Für Wanderer sind auf einem Wegweiser folgende Entfernungen angegeben:

Erkner   –   Gasthaus Löcknitzidyll   1,0 km
Löcknitzidyll –   Schleuse   1,5 km

Gleichung: Antwort:

_____   _____

_____   _____

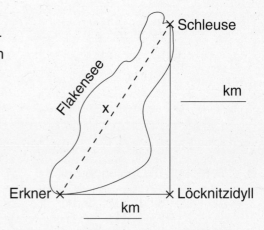

_____ km

_____ km

8. Wie lang ist der Lübbesee, wenn man mit dem Auto vom Gasthaus nach Milmersdorf 4 km und von dort bis zum Ochsenbruch 6,5 km fährt?

Gleichung: Antwort:

_____   _____

_____   _____

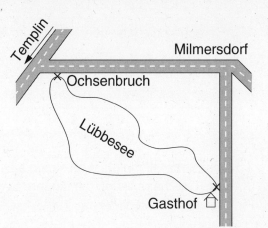

9. Wie breit ist der Kanal?

Gleichung:

_____   _____

_____   _____

Antwort:

_____

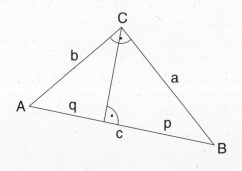

3.3   Kathetensatz und Höhensatz

10. Berechne die fehlenden Stücke!

	a	b	c	p	q
a)			8 cm	6 cm	
b)			6,8 cm		4,3 cm
c)	7,9 cm			5,2 cm	
d)		6 cm	9 cm		
e)				4,2 cm	5,8 cm

11. Wie lang sind die Dachschrägen der Hundehütte?

Gleichung: Antwort:

_____   _____

_____   _____

_____   _____

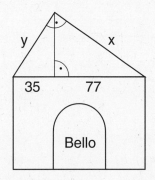

(Angaben in cm)

12. Berechne die fehlenden Stücke im rechtwinkligen Dreieck ABC!

p	8,0 cm	7,0 cm	4,0 cm		9,8 cm	3,6 cm	
q	4,5 cm	3,0 cm		5,0 cm		10,0 cm	6,8 cm
h			5,0 cm	6,0 cm	7,0 cm		8,4 cm

13. In welcher Höhe müssen sich die Leisten des Drachens kreuzen und wie lang sind die Seiten des Drachens, wenn die längere Leiste 1 m lang; die kürzere Leiste 0,5 m lang und der obere Teil rechtwinklig ist?

Gleichung: Antwort:

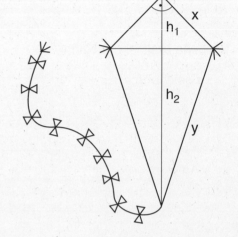

_____   _____

_____   _____

_____   _____

_____   _____

_____   _____

_____   _____

14. Verwandle das Rechteck mit den Seitenlängen p und q unter Verwendung des Höhensatzes in ein flächeninhaltsgleiches Quadrat mit der Seitenlänge h! Miss h!

$A_R =$ _____ $A_Q =$ _____

q = _____   h = _____

p = _____

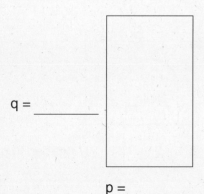

q = _____   h = _____

p = _____

3.4 Gemischte Aufgaben

15. Berechne die fehlenden Stücke!

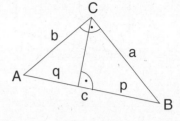

	a	b	c	p	q	h
a)	4,2 cm	4,2 cm				
b)					9,0 cm	7,0 cm
c)			11,0 cm		10,5 cm	
d)	6,0 cm			3,6 cm		
e)	4,0 cm					3,1 cm
f)		7,0 cm			5,0 cm	

16. Bei einem Erdbeben wird ein Brückenpfeiler (15 m hoch) um

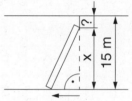

a) 0,5 m

b) 2 m

nach links verschoben. Wie weit senkt sich die Brücke?

a) _____   b) _____

_____   _____

_____   _____

Antwort: Antwort:

_____   _____

17. Wie weit kann man bei klarer Sicht sehen, wenn man

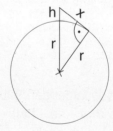

a) von einem 15 m hohen Turm,

b) in 200 m Höhe aus einem Heißluftballon,

c) aus einem Flugzeug in 5 000 m Höhe
   auf die Erde schaut?
   (Der Erdradius beträgt rund 6 380 km)

Antwort:

_____   _____

_____

a) _____   a) _____

_____

b) _____   b) _____

_____

c) _____   c) _____

_____

18. Berechne die Länge der Grundflächendiagonale e und der Raumdiagonale f folgender Quader!

a)

a = 7,5 cm

b = 6,0 cm

c = 5,0 cm

b)

a = 2 cm

b = 4 cm

c = 3 cm

_____   _____   _____   _____

_____   _____   _____   _____

19. Finde 10 mathematische Begriffe (senkrecht und wagerecht)! (ae = ä; oe = ö; ue = ü)

Q	L	E	K	N	I	W	R	E	T	H	C	E	R
U	D	R	E	I	E	C	K	E	A	Y	T	T	L
A	H	T	N	F	C	H	U	M	M	O	L	E	O
D	O	P	Y	T	H	A	G	O	R	A	S	H	R
R	E	S	U	N	E	T	O	P	Y	H	O	T	R
A	H	E	T	I	G	N	U	R	E	H	E	A	N
T	E	K	C	E	R	T	S	K	U	B	I	K	I

1. _____   6. _____

2. _____   7. _____

3. _____   8. _____

4. _____   9. _____

5. _____   10. _____

20. Bilde aus folgenden Silben mathematische Begriffe!
chen – drat – flä – halt – hy – in – lig – ner – nu – po – qua – rech – recht – schen – se – ta – te – wink – wur – zel

1. längste Seite im rechtwinkligen Dreieck

2. im Dreieck: $\frac{g \cdot h}{2}$

3. wird oft gezogen

4. mathematisches Hilfsmittel

5. Eigenschaft bestimmter Dreiecke

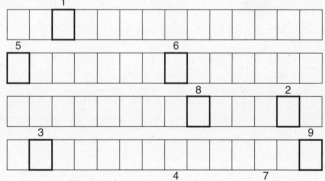

Lösung:

1	2	3	4	5	6	7	8	9

4   Quadratische Gleichungen

4.1   Rückblick – lineare Gleichungen mit einer Variablen, lineare Gleichungssysteme

1.   Löse folgende Gleichungen bzw. Gleichungssysteme!

a) $4(x - 4) + 12x = 10x + 14$ |

b) $2(x - 4) + 7 + 10x = 16 + 12x - 17$ |

Probe:
linke Seite: _____

c) $3x + 8 + 2x = 5(x + 2) - 5$ |

rechte Seite: _____

Vergleich: _____

d) I $x + 4y = 34$ |
   II $1,5x + 1,5y = 6$ |

e) I $9x + 6y = 63$ |
   II $6x + 4y = 42$ |

Probe I: _____

f) I $6x + 12y = 9$ |
   II $4x + 8y = 8$ |

Probe II: _____

4.2   Quadratische Gleichungen

2.   Bringe die folgenden Gleichungen in die Form $x^2 + px + q = 0$!

    a) $(x + 4)^2 = 4$ |_____   b) $x(x + 8) = 16$ |_____   c) $(x + 2) \cdot (x - 3) = 9$|_____

_____   _____   _____

_____   _____   _____

                                                                       _____

    d) $-4x(x + 3) = 8x(2x + 9)$ |_____   e) $x(2x - 8) + 9(x^2 - 4x + 5) = (x - 3)^2$

_____   _____

_____   _____

_____   _____

_____   _____

_____   _____

_____   _____

3.   Löse die folgenden quadratischen Gleichungen!

    a) $x^2 = 9$ b) $x^2 - 16 = 0$ c) $x^2 = -4$

_____   _____   _____

_____   _____   _____

_____   _____   _____

4.   Löse die folgenden quadratischen Gleichungen! Forme vorher die linke Seite der Gleichung in ein Produkt um!

    a) $x^2 + 5x = 0$ b) $x^2 - 8x = 0$ c) $x^2 - \frac{1}{4} = 0$

_____   _____   _____

_____   _____   _____

_____   _____   _____

    d) $2x^2 + 4x = 0$ e) $3x^2 + 2x = 0$

_____   _____

_____   _____

_____   _____

5. Löse die folgenden Gleichungen mithilfe der Lösungsformel! Bringe vorher die Gleichung in die Form $x^2 + px + q = 0$! Überprüfe mithilfe des Satzes von VIETA!

a) $\quad x^2 - 4x + 3 = 0$ $\qquad$ Satz von VIETA: $\quad x_1 + x_2 = -p$ $\qquad$ und $\qquad x_1 \cdot x_2 = q$

b) $\quad x^2 + 6x - 7 = 0$

c) $\quad x^2 + x - 2 = 0$

d) $\quad x^2 + 5x + 7 = 0$

e) $\quad x^2 - 6x + 5 = 0$

f) $\quad 3x^2 + 9x + 6 = 0 \qquad |\underline{\quad\quad}$

g) $\quad -\frac{1}{2}x^2 + 3x - \frac{1}{2} = 0 \qquad |\underline{\quad\quad}$

6. Forme den linken Term unter Verwendung der binomischen Formeln in einen Produktterm um und löse danach die Gleichung!

a) $x^2 + 6x + 9 = 0$

b) $x^2 - 8x + 16 = 0$

_____

_____

_____

_____

c) $x^2 - 9 = 0$

d) $4x^2 + 24x + 36 = 0$

_____

_____

_____

_____

_____

_____

7. Vervollständige die Gleichungen so, dass der linke Term eine binomische Formel ist! Gib danach die Lösung der Gleichung an!

a) $x^2 + \boxed{} + 9 = 0$

b) $x^2 + 8x + \boxed{} = 0$

_____

_____

c) $x^2 - \frac{1}{4}x + \boxed{} = 0$

d) $9x^2 + 36x + \boxed{} = 0$

_____

_____

_____

_____

8. Von einer quadratischen Gleichung sind p und q gegeben. Gib die Anzahl der Lösungen an! Überprüfe die Aussage durch Berechnung der Lösungen!

a) $p = 2$; $q = -3$

b) $p = 5$; $q = 6$

Anzahl: _____

Anzahl: _____

_____

_____

_____

_____

Satz von VIETA:

Satz von VIETA:

_____

_____

c) $p = -10$; $q = 25$

d) $p = 12$; $q = 40$

Anzahl: _____

Anzahl: _____

_____

_____

_____

_____

Satz von VIETA:

Satz von VIETA:

_____

_____

4.3 Gemischte Aufgaben

9. Löse die folgenden quadratischen Gleichungen! Bringe sie vorher in die Normalform!
Kontrolliere die Ergebnisse!

a) $x^2 + 8x - 14 = 4x - 18$

b) $x(x + 4) - 18 = 3(x - 2)$

Probe:

Probe: x_1

Probe: x_2

c) $3x^2 + 2x + 23 = -16x + 8$

d) $\frac{1}{2}(x - 2)^2 + (x + 4)^2 - 2 = x^2 + 8x + 14$

Probe: x_1

Probe:

Probe: x_2

10. Gib eine quadratische Gleichung in Normalform an, die die gegebenen Lösungen besitzt!

a) $x_1 = 2$ $x_2 = 3$ b) $x_1 = -2$ $x_2 = -\frac{1}{2}$ c) $x = 5$

_____   _____   _____

_____   _____   _____

_____   _____   _____

Zahlenrätsel

11. Addiert man zu einer gesuchten Zahl 3 und multipliziert diese Summe mit der gesuchten Zahl, so erhält man 40.

Gesuchte Zahl: _____   Gleichung: _____

Probe: _____

_____   _____

_____   _____

_____

Antwort: _____

12. Das Dreifache des Quadrates einer Zahl ist genau so groß wie das Sechsfache dieser Zahl vermehrt um neun.

Gesuchte Zahl: _____   Gleichung: _____

Probe: _____

_____   _____

_____   _____

_____

Antwort: _____

13. Tanja ist fünf Jahre jünger als Antje. Multipliziert man das Alter der beiden, so erhält man 546. Wie alt sind beide?

Alter von Tanja: _____   _____

Alter von Antje: _____   _____

Proben: _____

_____   _____

_____   _____

Antwort: _____

5 Strahlensätze und Ähnlichkeit

5.1 Rückblick

1. Wie lang sind die Strecken in Wirklichkeit?

Maßstab	gemessen: 1 cm	gemessen: 4 cm	gemessen: 5,5 cm
1 : 10			
1 : 50			
1 : 1500			
1 : 7500			
1 : 25 000			
1 : 1 000 000			
1 : 1 500 000			

2. Ein Wohnzimmer soll eingerichtet werden. Der Grundriss des Zimmers wurde im Maßstab 1 : 50 angefertigt. Zeichne im selben Maßstab folgende Möbel (Angaben in cm), schneide sie aus und richte das Zimmer ein!

1 Schrank	100×50	
2 Regale	50×25	
1 Schrankwand	200×50	

1 Couch	200×75	
2 Sessel	75×75	
1 Tisch	100×50	

Wohnzimmer

5.2   Strahlensätze

3. Teile die Strecken
a) in 6 gleiche Teile   b) in 5 gleiche Teile

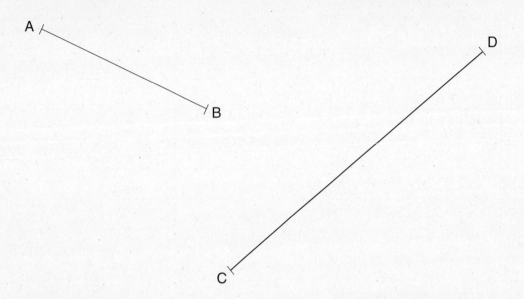

c) in 3 gleiche Teile   d) im Verhältnis 5 : 7!

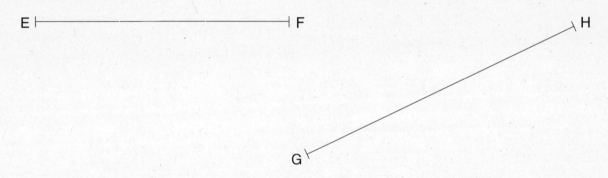

4. Gegeben ist das Verhältnis zweier Strecken $\overline{AB} : \overline{CD}$. Berechne die Länge der Strecke $\overline{CD}$!

$\overline{AB} : \overline{CD}$	3 : 4	2 : 5	10 : 13	4 : 3	6 : 11
$\overline{AB}$	6 cm	8 cm	2 cm	1 cm	3 cm
$\overline{CD}$					

5. Berechne die fehlende Größe!

3 cm : 5 cm = 12 cm : x   x = _____

4 kg : 7 kg =   x : 14 kg   x = _____

3 l : 8 l   =   8 l : x   x = _____

x : 8 m   =   12 m : 19 m   x = _____

2,7 kg : x   = 5,2 kg : 14,04 kg   x = _____

6. Vervollständige die Verhältnisgleichungen nach dem 1. Strahlensatz!

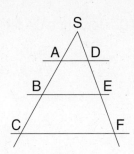

$$\frac{\overline{SA}}{\overline{SB}} = \frac{\quad}{\quad}$$

$$\frac{\overline{AB}}{\overline{BC}} = \frac{\quad}{\quad}$$

$$\frac{\overline{SE}}{\quad} = \frac{\quad}{\overline{BC}}$$

$$\frac{\quad}{\overline{BC}} = \frac{\overline{SF}}{\quad}$$

$$\frac{\overline{AB}}{\quad} = \frac{\quad}{\overline{DF}}$$

$$\frac{\overline{SD}}{\quad} = \frac{\quad}{\overline{SC}}$$

7. Berechne die fehlenden Stücke! Runde gegebenenfalls millimetergenau!

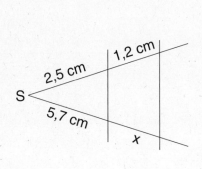

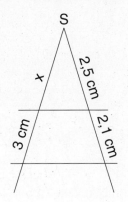

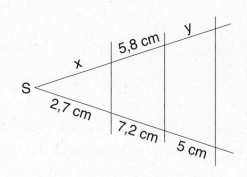

_____   _____   _____

_____   _____   _____

8. Wie lang ist der See?

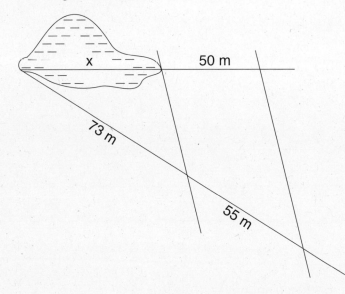

_____

_____

Antwort:

_____

_____

9. Vervollständige die Verhältnisgleichungen nach dem 2. Strahlensatz!

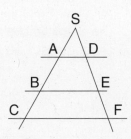

$$\frac{\overline{AD}}{\overline{BE}} = \frac{\quad}{\quad} = \frac{\quad}{\quad}$$

$$\frac{\overline{SC}}{\quad} = \frac{\quad}{\overline{AD}}$$

$$\frac{\overline{SD}}{\quad} = \frac{\overline{SF}}{\quad}$$

$$\frac{\quad}{\overline{CF}} = \frac{\overline{SE}}{\quad}$$

10. Berechne die fehlenden Stücke! Runde gegebenenfalls millimetergenau!

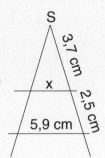   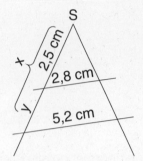   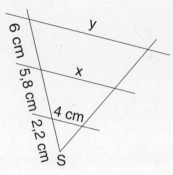

_____   _____   _____

_____   _____   _____

                                 _____   _____

                                 _____   _____

11. Ein Schornstein wirft einen 75 m langen Schatten. Der Schatten eines 1,50 m großen Kindes ist zur selben Zeit 2,25 m lang. Fertige eine Skizze an und berechne die Höhe des Schornsteins!

                                  Antwort:

_____   _____

_____   _____

12. Berechne die fehlenden Streckenlängen!

    a) a = 5,4 cm   b) b = 4,7 cm
        b = 7,2 cm   e = 7   cm
        c = 2,4 cm   f = 13,5 cm
        g = 3,5 cm   h = 9cm

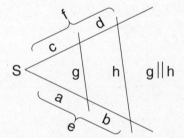

a) _____   b) _____

    _____   _____

    _____   _____

    _____   _____

13. Von einem Zuckerhut, dessen Seitenlänge 20 cm beträgt, wird die Spitze mit einer Seitenlänge von 7 cm parallel zur Grundfläche abgeschnitten. Die Schnittfläche hat einen Durchmesser von 4 cm. Wie groß ist der Durchmesser der Grundfläche des Zuckerhutes?

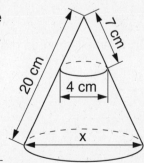

_____

Antwort:

_____

5.3   Ähnlichkeit von Dreiecken

14. Untersuche, welche Dreiecke zueinander ähnlich sind! Begründe mit dem Ähnlichkeitssatz!

	(1)	(2)	(3)	(4)	(5)	(6)	(7)	(8)
a	3,6 cm	3,3 cm			5,8 cm	4,4 cm		2 cm
b	3,6 cm	4,5 cm	4 cm			6 cm		4 cm
c		5,7 cm	8 cm		5,8 cm	7,6 cm		
α			60°	58°			79°	
β				79°	90°			
γ	90°						43°	60°
zueinander ähnlich		und		und		und		und
nach Ähnlichkeitssatz								

15. Zeichne das Dreieck ABC mit a = 3 cm, β = 45°, c = 5 cm und ein dazu ähnliches Dreieck A'B'C' mit c' = 7 cm!

_____

_____

16. Sind die folgenden Aussagen wahr oder falsch? Begründe!

a) Alle rechtwinkligen Dreiecke sind einander ähnlich.

_____

_____

b) Alle gleichschenklig-rechtwinkligen Dreiecke sind einander ähnlich.

_____

_____

c) Alle gleichseitigen Dreiecke sind einander ähnlich.

_____

_____

5.4   Zentrische Streckung

17. Vergrößere mit dem angegebenen Faktor k! Bezeichne die Eckpunkte in den Figuren!

   a) k = 2

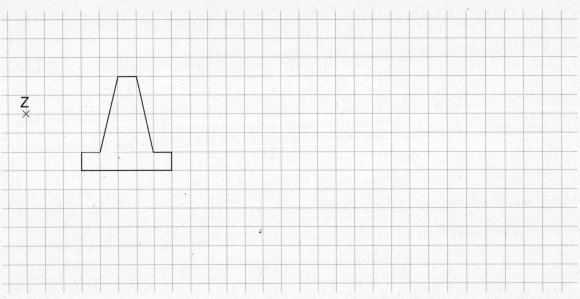

   b) k = 3

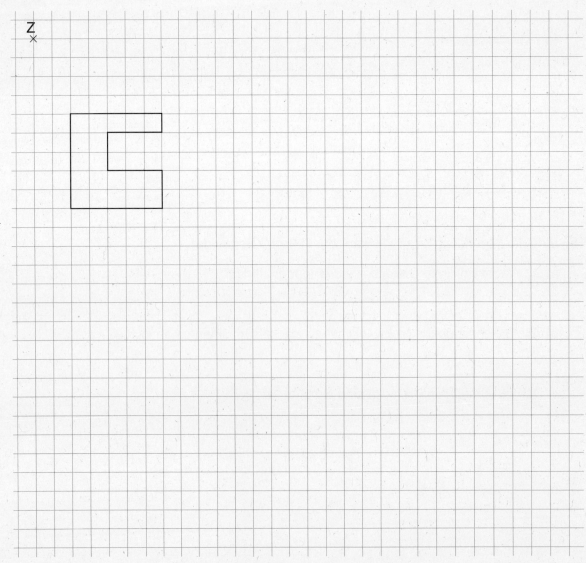

18. Verkleinere mit dem angegebenen Faktor k!

a) $k = \frac{1}{2}$

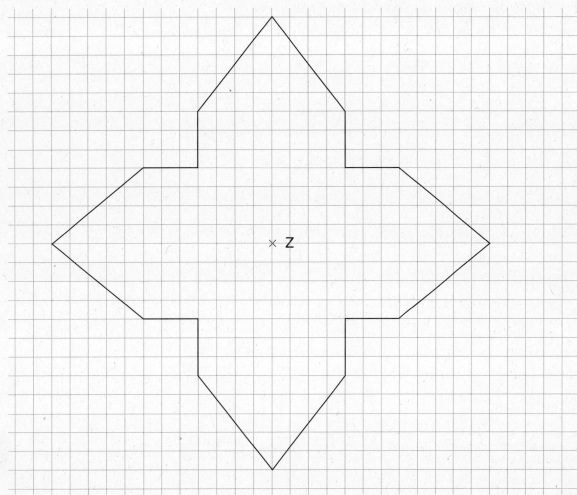

b) k = 0,4

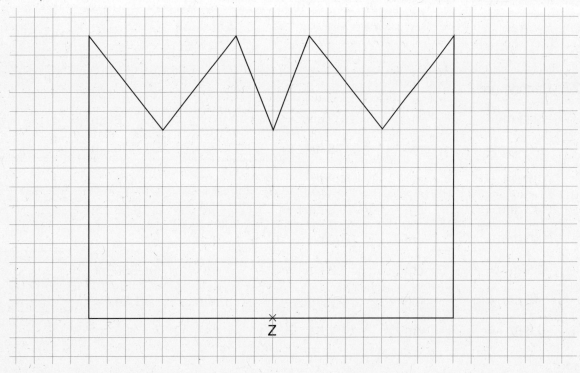

6   Flächen- und Körperberechnung

6.1   Rückblick

1.   Ordne die Gleichungen den ebenen Figuren zu!

Raute	Dreieck	Drachenviereck	Rechteck

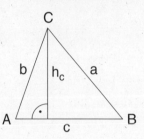 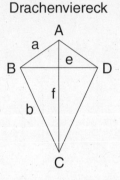 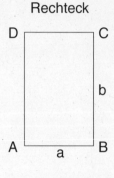

u = _____   u = _____   u = _____   u = _____

A = _____   A = _____   A = _____   A = _____

Quadrat	Parallelogramm	Trapez	Gleichungen:

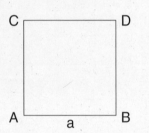 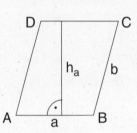 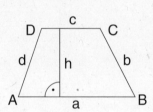

Gleichungen:

$u = 4a$

$u = 2a + 2b$

$u = a + b + c + d$

$u = a + b + c$

$A = a \cdot b$

$A = a^2$

$A = a \cdot h_a$

$A = \dfrac{a + c}{2} \cdot h$

$A = \dfrac{c \cdot h_c}{2}$

$A = \dfrac{1}{2} e \cdot f$

u = _____   u = _____   u = _____

A = _____   A = _____   A = _____

2.   Rechne um!

24 km = _____ m	1,2 cm² = _____ mm²	2 cm³ = _____ mm³
75 dm = _____ m	75 ha = _____ a	75 cm³ = _____ dm³
125 cm = _____ m	4,2 m² = _____ cm²	0,8 m³ = _____ dm³
43 mm = _____ cm	19,8 dm² = _____ m²	8,08 cm³ = _____ mm³
180 dm = _____ cm	1200 ha = _____ km²	1 l = _____ ml
2,5 m = _____ cm	1,2 km² = _____ m²	2500 ml = _____ l
45 cm = _____ mm	0,8 m² = _____ dm²	1,24 l = _____ cm³
0,8 m = _____ cm	1 ha = _____ m²	320 cm³ = _____ m³

3. Schreibe die Gleichung zur Berechnung des Volumens unter die Körper!

Würfel	Prisma mit recht-eckiger Grundfläche (Quader)	Prisma mit dreieckiger Grundfläche	Prisma mit trapezförmiger Grundfläche

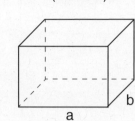

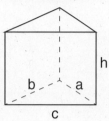

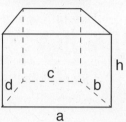

V = _____   V = _____   V = _____   V = _____

4. a) Berechne das Volumen und den Oberflächeninhalt des abgebildeten Körpers!

Oberfläche:

_____

_____

_____

_____

_____

_____

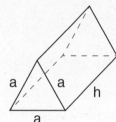

a = 3,0 cm
h = 8,0 cm

Volumen:

_____

_____

_____

b) Zeichne das Netz des Prismas!

6.2   Flächeninhalt und Umfang des Kreises

5. Ergänze die Tabelle! Runde die Ergebnisse auf eine Dezimalstelle genau!

Radius r	2,0 cm			
Durchmesser d		5,0 cm		3,8 cm
Umfang u			18,5 cm	
Flächeninhalt A				25 cm^2

6. Berechne Umfang und Flächeninhalt der grauen Figuren! Runde auf eine Dezimalstelle genau!

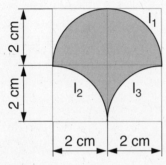 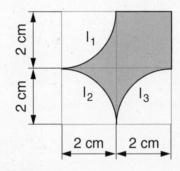 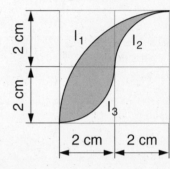

Umfang: Umfang: Umfang:

_____   _____   _____

_____   _____   _____

_____   _____   _____

_____   _____   _____

_____   _____   _____

Flächeninhalt: Flächeninhalt: Flächeninhalt:

_____   _____   _____

_____   _____   _____

_____   _____   _____

_____   _____   _____

_____   _____   _____

7. Berechne den Flächeninhalt der jeweils grauen Fläche!

a)

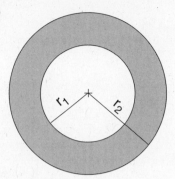

$r_1 = 1,5$ cm
$r_2 = 2,5$ cm

$A_{Ring} =$ _____

_____

_____

_____

_____

b)

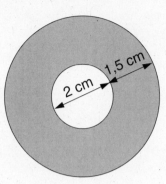

$r_1 =$ _____

$r_2 =$ _____

$A_{Ring} =$ _____

_____

_____

_____

c)

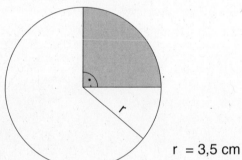

$r = 3,5$ cm

$A_\alpha =$ _____

_____

d)

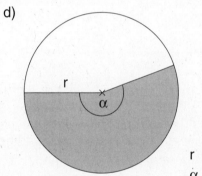

$r = 2$ m
$\alpha = 200°$

$A_\alpha =$ _____

_____

e)

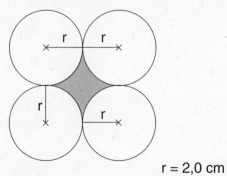

$r = 2,0$ cm

$A =$ _____

_____

_____

f)

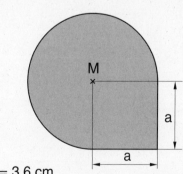

$r = 3,6$ cm

$A =$ _____

_____

_____

8.   Berechne die angegebenen Stücke!

a)

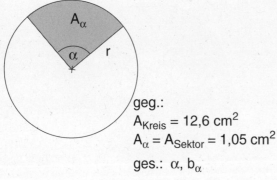

geg.:
$A_{Kreis} = 12,6 \text{ cm}^2$
$A_\alpha = A_{Sektor} = 1,05 \text{ cm}^2$

ges.: α, b_α

b)

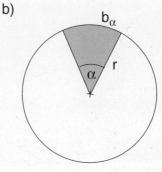

geg.:
$b_\alpha = 4 \text{ cm}$
$\alpha = 50°$

ges.: u, r, A, A_α

_____   _____

_____   _____

_____   _____

_____   _____

_____   _____

9.   Viele Gelehrte versuchten schon vor Jahrtausenden, krummlinig begrenzte Flächen zu berechnen. Etwa 450 v. Chr. gelang es dem griechischen Gelehrten HIPPOKRATES, möndchenartig geformte Flächenstücke exakt zu berechnen.
Zeige, dass die Sichel A_1 den gleichen Flächeninhalt hat wie die beiden kleineren Sicheln A_2 und A_3 zusammen! Runde auf eine Dezimalstelle genau!

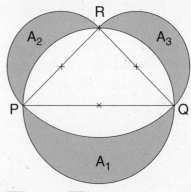

$\overline{PR} = \overline{QR}$ $\overline{PQ} = 6,0 \text{ cm}$

_____   _____

_____   _____

_____   _____

_____   _____

_____   _____

_____   _____

6.3 Volumen und Oberflächeninhalt von Zylindern

10. Zeichne das Netz eines Zylinders mit r = 1 cm und h = 5 cm!

Netz

11. Zeichne das Schrägbild eines Zylinders mit r = 3 cm und h = 4 cm!

Schrägbild

12. Ergänze die Tabelle! Runde auf eine Dezimalestelle genau!

r	2,0 cm	1,3 cm	4,5 cm		3,6 cm
h	12,5 cm	5,0 cm		6,0 cm	
V			318,1 cm^3	923,6 cm^3	
A_M					214,9 cm^2
A_O					

13. Berechne das Volumen und die Oberfläche des abgebildeten Hohlzylinders!

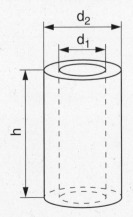

h = 8,0 cm
d_1 = 3,0 cm
d_2 = 5,0 cm

V = _____

_____

_____

A_O = _____

_____

_____

6.4   Gemischte Aufgaben

14. Hundefutter der Sorte „Schnapp" wird in zylinderförmigen Dosen (d = 8 cm, h = 10 cm) abgefüllt.

    a) Wie viel Hundefutter befindet sich in der Dose?

    b) Berechne den Materialbedarf je Dose!

    c) Spart man Material, wenn der Durchmesser der Dose vergrößert wird? Das Volumen soll nicht verändert werden.

    Anleitung: Bestimme für die vorgegebenen Durchmesser die Höhe und den Materialverbrauch!

d	h	V	A_O
8,0 cm	10,0 cm		
8,2 cm			
8,4 cm			
8,6 cm			
8,8 cm			

$V =$ _____

$A_O =$ _____

Antwort:

_____

_____

_____

15. Aus einem Eichenstamm mit einem Durchmesser von 50 cm und einer Länge von 5 m wird im Sägewerk ein quadratischer Balken mit möglichst großem Querschnitt geschnitten.

    a) Gib die maximalen Maße des Balkens an!

    b) Wie viel Prozent des Eichenstammes werden als Balken genutzt?

Skizze:

a) _____

_____

_____

_____

b) _____   Antwort: _____

_____

_____

16. Berechne den Flächeninhalt des regelmäßigen Achtecks, dessen Umkreisradius 6 cm beträgt!

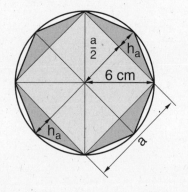

Berechnen von a: _____

Berechnen von h_a: _____

Berechnen von A: _____

_____

7 Sachrechnen

7.1 Rückblick

1. Berechne die fehlenden Größen!

G	260 €		75 l	155 €		520 g
W		576 m	18 l		2,8 kg	754 g
p %	30 %	18 %		116 %	6,4 %	

2. Berechne folgende Preise! Die Mehrwertsteuer (MwSt) beträgt 16 %. Runde sinnvoll!

Warenpreis (ohne MwSt)	489 €	23,57 €			82,20 €	
Endpreis (mit MwSt)			253 €	66,80 €		2,20 €

7.2 Anwendungsaufgaben zur Proportionalität und Antiproportionalität

3. Wende den Dreisatz an!

Stückzahl	Preis
14	16,10 €
7	
9	
21	
	17,25 €
	3,45 €
	12,65 €
	46,00 €

Geschwindigkeit	Fahrtdauer
$60 \frac{km}{h}$	30 min
$120 \frac{km}{h}$	
$50 \frac{km}{h}$	
$110 \frac{km}{h}$	
	20 min
	1 h
	3 h
	7 h 30 min

4. Familie Meyer verbraucht täglich 20 l Heizöl. Der Tank ist dann nach 120 Tagen leer. Wie viele Tage länger reicht der Ölvorrat, wenn täglich nur 15 l verbraucht werden? Wie viel Liter Heizöl dürfen nur täglich verbraucht werden, wenn der Ölvorrat 200 Tage reichen soll?

Antwort: _____   Antwort: _____

5. Überprüfe, ob Proportionalität oder Antiproportionalität vorliegt! Berechne gegebenenfalls!

a) Ein Auto fährt mit konstanter Geschwindigkeit. Es benötigt für 3 km genau 4 min. Wie lange braucht es für 45 km?

b) Peter ist 9 Jahre alt und 1,45 m groß. Wie groß ist er mit 30 Jahren?

c) Eine Hausfrau kocht ein Ei 5 min lang. Wie lange brauchen sechs Eier?

d) Ein Maler benötigt zum Streichen eines Zimmers 6 h. Wie lange brauchen vier Maler für drei gleich große Zimmer?

e) Ein Auto mit 75 PS hat eine Höchstgeschwindigkeit von $135 \frac{km}{h}$. Wie schnell kann ein Auto mit 120 PS fahren?

f) Frau Müller wiegt mit 42 Jahren 90 kg. Wie schwer war sie mit 21 Jahren?

6. Ein Pkw verbraucht bei konstanter Geschwindigkeit auf 100 km ca. 8 l Benzin.

a) Wie viel Benzin verbraucht er auf 20 km, 90 km, 210 km?

b) Wie weit kann er mit 20 l, 12 l, 32 l fahren?

c) 1 l Benzin kostet 1,02 €. Wie viel muss man für 20 l, 12 l, 32 l bezahlen?

a) Strecke	Verbrauch	b) Verbrauch	Strecke	c) Liter	Preis
100 km	8 l	8 l	100 km	1 l	1,02 €

7. Eine Gemeinde verkauft Bauland. Geplant sind 22 Grundstücke zu je 1 200 m². Wie viele Grundstücke könnten verkauft werden, wenn sie nur noch 600 m², 400 m², 880 m², 1 056 m² groß sind?

Größe				
Anzahl				

8. Für eine Klassenfahrt nach Südtirol werden folgende Angebote von Busunternehmen eingeholt:

Firma A: 250 € pro Schüler (Pauschalpreis)

Firma B: 224 € pro Schüler + 672 € pro Klasse für den Bus

Firma C: 6 599 € pro Klasse (Pauschalpreis)

a) Welche Kosten entstehen jeweils pro Schüler, wenn 28 Schüler mitfahren?

b) Wie verändern sich die Kosten, wenn nur 25 Schüler mitfahren?

c) Welches Angebot ist jeweils das günstigste?

Firma	a) Kosten bei 28 Schülern	b) Kosten bei 25 Schülern

c) _____

9. Beim Kauf von 100 Schweizer Franken (CHF) bezahlt man 64,45 €.

a) Wie viele Euro erhält man für 50 CHF, 200 CHF, 350 CHF, 700 CHF?

b) Wie viele CHF erhält man für 50 €, 200 €, 350 €, 700 €?

a) CHF				
€				

b) €				
CHF				

7.3   Anwendungsaufgaben zur Prozent- und Zinsrechnung

10. Berechne die Zinsen für ein Jahr!

Kapital	800 €	1700 €	250 €	2 400 €	8 000 €
Zinssatz	5 %	4,5 %	3 %	6 %	1,9 %
Zinsen					

11. Berechne die Zinsen für den angegebenen Zeitraum! (1 Monat = 30 Tage)

Darlehen	1500 €	500 €	588 €	14 000 €
Zinssatz	3 %	6 %	5 %	7,9 %
Zeitraum	2.1. – 2.9.	16.1. – 10.6.	1.6. – 13.8.	15.3. – 27.12.
Zinstage				
Zinsen				

12. Berechne die Tageszinsen bzw. die Monatszinsen! (1 Monat = 30 Tage):

  a)   2 000 € zu 4,5 %   b) 5 500 € zu 6 %

Zeit	Zinsen
1 Jahr	
1 Tag	
25 Tage	
40 Tage	
1 Monat	
2 Monate	
7 Monate	

Zeit	Zinsen
1 Jahr	
1 Tag	
12 Tage	
66 Tage	
1 Monat	
3 Monate	
10 Monate	

13. Auf einem Sparbuch befinden sich 6 300 €. Wie viel Euro Zinsen bekommt man?

Zinssatz	4,5 %	5 %	3 %	2,5 %	4 %
Zeitraum	3 Monate	7 Monate	9 Monate	300 Tage	90 Tage
Zinsen					

14. Familie Kunz benötigt 160 000 € zur Finanzierung ihres Bauvorhabens.
Sie erhält folgende Angebote:

Bank A: 160 000 € zu 6,5 % Jahreszins

Bank B: 100 000 € zu 6 % und
                      60 000 € zu 7 % Jahreszins

privater
Geldverleiher   160 000 € mit 1 250 € Zinsen pro Monat

Welches Angebot ist das günstigste?

Geldquelle	Bank A	Bank B	privater Geldverleiher
Zinsen pro Jahr			

15. Herr Fischer muss 12 500 € für seinen Neuwagen finanzieren. Ein privater Geldverleiher verlangt 1 900 € Zinsen pro Jahr. Bei seiner Bank muss Herr Fischer 6 % Jahreszins und eine einmalige Bearbeitungsgebühr von 2 % der Darlehenssumme zahlen. Welches Angebot ist günstiger, wenn er das Geld nur sechs Monate benötigt?

privater Geldverleiher:

Bank:

7.4   Gemischte Aufgaben

16. Familie Schmidt möchte ihr Bad neu fliesen lassen. Sie beauftragt eine Firma mit dieser Arbeit.
Die Firma berechnet für 1 m² gefliesste Fläche 28 € Arbeitslohn.
Familie Schmidt hat sich Fußbodenfliesen zu 21 € und Wandfliesen zu 18 € je Quadratmeter
ausgesucht. Für Fliesenkleber und Fugenmasse berechnet die Firma insgesamt 120 €.
Stelle eine Rechnung für die Familie Schmidt auf!
Die angegebenen Preise sind Nettopreise.
Bei der Bestimmung der Fliesenmenge muss beachtet werden, dass für jede Art 10 % mehr ge-
kauft werden muss (Verschnitt und Ersatz). Es können nur volle Quadratmeter gekauft werden.

	Breite	Höhe	Länge
Tür	1,0 m	2,0 m	–
Fenster	2,0 m	1,0 m	–
Wanne	0,80 m	0,60 m	1,50 m

Wände: Wand 1: _____

_____

Wand 2: _____

_____

Fensterfläche: _____

_____

Türfläche: _____

_____

zu fliesende Fläche: _____

_____

zu kaufende Fliesen: _____

Menge der Wandfliesen: _____

_____

_____

_____

_____

_____

_____

_____

Fußboden:

Größe: _____

_____

Wannenfläche: _____

_____

zu fliesende Fläche: _____

zu kaufende Fliesen: _____

_____

Menge der Fußbodenfliesen: _____

Rechnung: Wandfliesen

                 Bodenfliesen

                 Arbeitslohn

                 Kleber + Spachtelmasse

                 Nettopreis

                 MwSt

                 Bruttopreis

2,2 m

3,0 m

4,0 m

17.

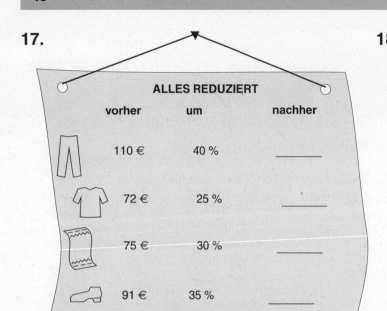

	vorher	um	nachher
	110 €	40 %	_____
	72 €	25 %	_____
	75 €	30 %	_____
	91 €	35 %	_____
	110 €	_____	82,50 €
	_____	40 %	56,40 €
	_____	460 %	72,00 €

ALLES REDUZIERT

18.

ALLES MUSS RAUS
ALLES um 40 % REDUZIERT

TISCH	462 €	277,20 €
STUHL	125 €	_____
STUHL	180 €	_____
REGAL		72,00 €
SCHRANK		312,00 €
SCHRANK	1300 €	_____
LIEGE	540 €	_____
DOPPELLIEGE		456,00 €
BETT	_____	516,00 €
SESSEL	560 €	_____

19. Familie Rosenbusch will ihren Garten umgestalten.

a) An der Grundstücksgrenze wird eine Hecke gepflanzt. Beträgt der Abstand der Heckenpflanzen voneinander 30 cm, dann muss Familie Rosenbusch 120 Pflanzen zu 8,50 € je Stück kaufen. Wie viel spart Familie Rosenbusch, wenn sie einen Pflanzabstand von 40 cm wählt?

Abstand		
Stück		

_____

_____

_____

_____

_____

b) Der Garten ist 780 m² groß. Davon sind 55 % Rasen. Wie viel Kilogramm Rasensamen müssen gekauft werden, wenn 1 kg Samen für 45 m² reicht?

_____

_____

benötigte Samenmenge: _____